민낯 뷰티

이규호 제3시집

문학신문 출판국

민낯 뷰티

〈축시〉

시(詩)로 변한 우수마발(牛溲馬勃)

남대극(신학박사, 전 삼육대학교 총장)

날마다 돌베개[石枕]를 베고 시를 쓰는 그대,
그 돌베개만큼이나 견고하고 소탈한 뜻,
시(詩)마다 배어 있어서
읽는 재미 새롭다

구석구석 정관(靜觀)하고 구절구절 사색(思索)하니,
시어(詩語) 아닌 단어 없고, 시(詩) 안 되는 사물 없네
주변의 우수마발(牛溲馬勃)이
시(詩)로 변해 있구려

자유시와 정형시, 층시(層詩)와 17자시,
시란 시는 다 쓰고, 멋이란 멋 다 부렸네
세상에 그대 같은 시인
또 있을까 싶구려

무엇보다 이 시집엔 특이한 것 하나 있네
단어와 단어 새에 잔잔히 스며 있는
시인의 믿음과 소망
은연중에 빛나네

연(聯)마다 보석이요, 편(篇)마다 구슬이니,
한 줄에 꿰어서 가지런히 놓으면,
귀부인 칠보단장(七寶丹粧)도
이보다는 못하리

       2023년 12월

자서

하나님은 본래 '꾸민 얼굴'보다 '민낯'을 원하신다. 천연계가 그렇고 말씀 또한 그렇다. 원래의 것이 완전하기에 더하거나 빼는 것을 무척 싫어하신다. "솔로몬의 모든 영광으로도 입은 것이 이 꽃 하나만 같지 못하였느니라." 하시는가 하면, "천지가 없어지기 전에는 율법의 일점일획도 결코 없어지지 아니하고 다 이루리라." 하신 말씀이 그것이다.

그러나 우리는 그 '순수'를 벗어나려 얼마나 앙탈을 부리는지 모른다. 하나님 대신 온갖 우상들을 만들어 섬기는가 하면, '자연미'를 부수고 '인공미'를 귀히 여기기 십상이다. 그리하여 우리의 얼굴도 마음도 무척

이나 얼룩지고 일그러지게 되었다. 그 순수를 잃은 지 오래다.

돌이켜 보니 '돌과 진흙' 대신 '벽돌과 역청'으로 지은 저 바벨탑의 결과가 우리의 현주소가 아니던가! 많이도 무너져 내렸지만, 만신창이가 된 이 민낯을 들고 원래대로 아름답게 보정해 주실 하늘 성형의사께 돌아가고 싶다. 피부 민낯뿐 아니라 삶의 그것까지 고쳐 주실 분께 온전히 맡겨야겠다.

우리 모두 하늘 '뷰티 살롱'으로 서둘러 달려가자!

2023년 12월

차례

축시 / 4
자서 / 6

제1부 나는 말하리라

민낯 뷰티 / 15
당신은 / 16
그네 / 18
나비와 케일 / 19
나무가 하는 말 / 20
송홧가루 / 21
돼지감자 / 22
모기장 / 24
사랑의 불꽃 / 25
아빠 엄마 사랑 / 26
치료하는 광선(光線) / 27
승마 유감 (17자시) / 28
빈 의자 / 29
팔불출 주님 / 30
덩굴손 / 31
나의 하나님은 / 32
달란트 비유 / 34
나는 말하리라 / 36

제2부 봄 못가에 앉아

봄 못가에 앉아 / 39
봄 / 40
사시(四時) / 41
매실나무 사계(四季) / 42
삼색(三色)의 소망 / 43
섭리의 수레바퀴 / 44
사시가탕(四時佳湯) / 46
감나무 앞에서 / 47
신앙 사계(四季) / 48
아침마다 / 49
사계 연가(四季 戀歌) / 50
해산의 기쁨 / 52
수목장 유감 / 53
추석 소회(所懷) / 54
명절 소회(所懷) (17자 시) / 55
성경 사시가(聖經 四時歌) / 56

제3부 물아일체(物我一體)

물아일체(物我一體) / 61
식물의 세계 / 62
석류꽃 / 63
꽈리 / 64
백일홍 / 65
박하(薄荷) / 66
할미꽃 / 67
벚꽃 구경 (集句詩) / 68
까마중 연가(戀歌) / 70
대추 / 72
무화과 / 73
교감 / 74
색(色) 교향곡 / 75
복달임 / 76
바람의 언덕 / 77
반딧불 / 78
야베스의 후손 / 80

제4부 나그네 삶

그릇 / 83
회귀(回歸) / 84
세마포(細麻布) / 85
씨앗을 심으며 / 86
누에의 노래 / 87
나그네 삶 (層詩) / 88
반공포로 / 90
투명물고기 / 91
꽃과 벌 (層詩) / 92
청둥오리 / 94
게으름뱅이 아빠 / 95
복 있는 사람 / 96
버릴 것이 하나 없네 / 98
주인의 마음 / 99
믿음이 작은 자들아 / 100
참 의식주 / 101
자랑 경계령 (17자시) / 102
땅콩 / 104

제5부 홀로서기

해운대 불꽃놀이 / 107
마중봉직(麻中蓬直) / 108
몽돌 / 109
가지치기 / 110
무화과나무처럼 / 112
홀로서기 / 113
페이스메이커(Pacemaker) / 114
오미자 / 115
충전지를 교체하며 / 116
신생(神生)살이 / 117
신앙 임계점 / 118
살길 / 120
크게 외치라 (層詩) / 121
영천강 변 SOS여! (集句詩) / 122
2023' 신공위성 송년회 / 124
지혜자 (層詩) / 126
제자리 / 127

제1부
나는 말하리라

민낯 뷰티

생명을 주신 분 앞에
미적거릴 게 무엇 있나

검댕 묻은 그대로
일그러진 그대로

피부뿐 아니라
삶의 민낯까지
무릎 꿇고 드러내리라

속내를 보시는
포토샵의 대가께서

보혈의 순정(純正) 원액(原液)으로
거죽마저 보정해 주실 테니까

당신은

당신은 벌과 나비,
내 안에 들며 나며
꿀과 화분을 따도
꽃술 한 올 생채기 내지 않네

당신은 참새,
내 속에 오르락내리락
총총 옮겨 앉아도
나뭇가지 한번 흠내지 않네

당신은 빗방울,
내 위에 억수같이
우르릉 쾅쾅 뿌려대도
푸성귀 잎 하나 해하지 않네

당신은 바람,
내 위로 횡횡 몰아쳐도
상한 갈대 꺾지 않으며
꺼져가는 등불 끄지 않네

헛것 같은 인생을
그처럼 알뜰살뜰
뭐나 되는 양 챙기시는
당신은 대체 누구신가요

그네

세상살이가 힘드신가요
그럼 내게 오르세요
하늘 속으로 들고 싶나요
그럼 발판을 힘껏 구르세요

난 하늘에서 드리운
구원의 두레박,
땅 위에 드리운
위로의 요람(搖籃)!

땅을 벗어나고 싶나요
언제든 내게 오르세요
둥개둥개 얼러 주는
손길을 느낄 테니까요

나비와 케일

작은 나비 바람결에
텃밭으로 날아들어

케일이 제 집인 양
턱 앉아 알을 까네

자식들
살 곳 먹을 것
챙겨 주는 어미 맘

나무가 하는 말

'나', '무(無)'예요
없는 게 없는 '나무'죠

무(無)에서 와서
그늘 지어 주고
그림 그려 주고
노래 들려주고
보금자리 틀어 주죠

잎 떼 내어 주고
향기 흘려 주고
열매 맺어 주고
수액(樹液) 빨려 주고
재거름 되어 주죠

있는 것 다 주고 가니
'나', '무(無)'라니까요

송홧가루

어디서 날아드나
집안이 온통 금가루

짜증을 내야 할지
반가워해야 할지
오월의 이 불청객을

어제의 세차(洗車)
오늘 무색한데

마냥 쌓이는 게
낭비되는 하나님 사랑 같아

가엾은 생각에
감수하기로 했네
만나(manna) 내리던 시절을 떠올리며

돼지감자

갈대 태운 한 떼기 묵밭
개간하려니 꽤나 힘드네

곡괭이로 파내고
삽으로 찍어 내고
손으로 찢어 내도
갈대 뿌리의 끝은 어디인지

속을 헤집어 보니
보이는 게 전부가 아니네

강한 자에겐
더 강한 자가 맞서야 하는 법
돼지감자 씨를 뿌려
엉킨 뿌리를 잡아야겠네

고운 모양도 풍채도
흠모할 구석 하나 없는 것이
당뇨도 잡아 주고
옥토로도 바꿔 준다니

보이지 않는 땅속 세계
뚱딴지의 이김이 기다려지네

***뚱딴지**: 돼지감자의 다른 이름.

모기장

벽 못에 묶여
축 처져 있던 것에 비해

침대 위 반듯한 사각(四角) 모기장은
좌정하신 왕의 품새이다

어느 것이 되었든

죄를 물어뜯는 빨대를 피해 좋고
숙여 드나들매 왕을 닮아 가니 더욱 좋다

모기장은 어느새
피를 담보(擔保)하는 도피성이다

사랑의 불꽃

누가 내쉬는 숨이기에
이리 시원한지요?

누구의 한숨이기에
이리 저리도록 차가운지요?

원효(元曉)의 기도인가요?
지아비 찾는 요석공주(瑤石公主)
애끓는 울부짖음인가요?

삼복더위 속
바위 풍혈(風穴) 언저리에
조가비처럼 들붙어 생명으로 받으니

빙혈(氷穴)에 이는 냉기(冷氣)
불현듯 사랑의 불꽃으로 번지네요

*경북 의성 '빙계계곡(氷溪溪谷)'에 있는 〈빙혈〉, 〈풍혈〉에는
원효대사와 요석공주의 애절한 사랑의 이야기가 전해 오고 있다.

아빠 엄마 사랑

애들아 아빠 사랑 한번 재볼까
감 따는 긴 장대로 한번 재볼까
아이고 너무 높아 어림도 없네
차라리 아빠 등에 그냥 오르자

애들아 엄마 사랑 한번 재볼까
찌 달린 낚싯줄로 한번 재볼까
아이고 너무 깊어 어림도 없네
차라리 엄마 품에 그냥 빠지자

치료하는 광선(光線)

지루한 장마 끝에
이어지는 불볕더위

꿉꿉한 이불
물러진 양파, 곰 핀 약대추
모두 모두 내어다 너세

쿰쿰하고 시큼하게
숨어 번지는 것들
살균력에 그만 소멸되게

폭양 속 부산 떨다 보니
어느새 내 맘도 꾸덕꾸덕
뽀송뽀송 되살아나네

승마 유감 (17자시)

지쳐도 걷네
흔드는 워낭
생명의 소리
딸랑

낙마 생각에
무서움 덜컥
측은한 마음
울컥

빈 의자

누구를 위한 자리인가 소녀상 옆의 빈 의자

포토 존 앞에 둘러선 군중들
그 소담한 자리에 선뜻 앉길 머뭇댄다

동상 뒤 빛바랜 사진 속
애까지 밴 무념(無念)의 위안부들
그 처량한 모습에 주눅 든 탓일까

다윗을 탓하지 말자
그 아들 암논도 탓할 것 없다
아니 일본 수놈들까지 갈 것도 없다

"죄 없는 자는 앉지 마라!"

의자에 앉은 나는, 나는,
신발 벗고 참 많이 사죄했다
그리곤 땅 위에 쓰인 나의 죄목들
모두 지움 받는 손길을 느꼈다

*세종특별자치시 호수공원 내, 소녀상 옆에 앉아.

팔불출 주님

아브라함은 아내 '사라'를
제 누이라 속이고
이삭도 아내 '리브가'를
제 누이라 속였다네
너무 예쁜 아내들
뺏기고 죽을까 봐

주님은 목숨 걸고
우리 신분 밝혀 주셨네
"내 누이, 내 신부야
네가 내 마음을 **빼앗았구나**(아 4:9)"

덩굴손

길 줄만 알고
일어설 줄 모르니

위의 것 좀 거머쥐라
잡을 손을 주셨네

연한 순 같고
고운 모양 없으나

하늘기둥 감은 손
처절한 기도이듯

약할 때 강해지는
불가사의 악력(握力)이여

나의 하나님은

내 마음 성소에 거하시는 하나님은
어떤 하나님이실까
한 해를 보내며 뒤돌아본다

내 소원 들어달라 떼쓰며
내 뜻대로 기도하는 하나님?
행하기 쉬운 말씀만 골라 행하며
칭찬받기를 원하는 하나님?
내 잘나서, 공의로워서, 정직해서
축복하신다고 믿는 그런 하나님?
혹시 '내가 만든 하나님'은 아니었는지

하나님 뜻 이루시라고 무릎 꿇게끔
나를 낮추시고 맘 비우게 하시는 하나님?
그 입으로부터 나오는 모든 말씀으로
나를 살게 하시는 하나님?
당신의 능력으로 모든 것을 얻게 하시고
난 아무것도 아님을 알게 하시는 그런 하나님?
정녕 '나를 만드신 하나님'이시었기를

세초부터 세말까지 내게 눈을 두사
마음의 지경(地境)을 넓히시고
팬데믹(pandemic)의 환난에서 벗어나
근심을 없게 하신 나의 하나님이시여!

오는 해에는 당신 닮은 아들로
당신 뜻만을 이뤄드리는 통로 되고 싶사오니
'나를 지으시고 신(神)으로 키우시는'
나의 하나님이시여, 영광 홀로 받으소서!

달란트 비유

한 달란트 받은 자
1×1=1 곱셈 법칙
1÷1=1 나눗셈 법칙
1-1=0 뺄셈 법칙

난 아니라고, 안 된다고
늘 부정만 하고(×)
자꾸 패를 나누려 하니(÷)
마냥 그 모양 그 신세,

아니면
난 빠져도 된다며(-)
슬쩍 사라지니(0)
보기에 참 안쓰러운 사람

두 달란트 받은 자
다섯 달란트 받은 자
2+2, 5+5 덧셈 법칙
곧 십자가(+) 법칙

사랑과 희생을
보태는가 하면(+)
뭔가 늘 얹어 주려 하니(+)
보기에 너무 복스러운 사람

나는 말하리라

지존자의 은밀한 곳
전능자의 그늘에서
나 말하리, 여호와는
내 피난처 나의 요새,
올무와
전염병에서 건지시는 미쁜 분!

여호와의 진실함은
방패와 손 방패라
깃으로 덮으시고
날개 아래 품으시니
밤낮의 공포 화살도
두려움이 없어라!

좌우에 천 명 만 명
엎드러져 죽어 가도
어둠 속 전염병과
밝을 때의 재앙이
가까이
네게 못 함은
천사 돌봄 덕일세! (시 91:1~11)

제2부
봄 못가에 앉아

봄 못가에 앉아

바람이 부네 바람이 불어
내 맘속에도 바람이 불어
티끌들이 깨끗이 사라지네

물결이 이네 물결이 일어
내 맘속에도 물결이 일어
더러움이 말끔히 벗겨지네

햇빛 비치네 햇빛이 비쳐
내 맘속에도 햇빛이 비쳐
어두움이 슬며시 스러지네

내 맘은 금세 무균의 자궁
바람, 물결에 햇빛도 충만
잉태하네 구속주 잉태하네

봄

봄은 샘물이다
만물에게
생명의 젖줄이 되어 주니까

봄은 용수철(龍鬚鐵)이다
만물과 함께
하늘의 생명을 향해 튀어 오르니까

Spring

Spring is a spring
That will be a lifeline of life
For all creation.

Spring is a spring
That pops up for the heavenly life
With all creation.

사시(四時)

봄 아지랑이 모락모락 머리를 풀고
여름 '금사(金蛇)' 번쩍번쩍 하늘을 찢네
가을 모과 반지르르 금기름 바르고
겨울 싸락눈 오돌토돌 지면에 소름 돋네

봄은 얼음장 밑 개울 소리에 얹혀 오고
여름은 장맛비 소리에 추적이며
가을은 아람 부는 소리에 깊어 가고
겨울은 멧돼지 사냥 총소리에 움츠러드네

*金蛇는 '번개'를 지칭하는 시어임.
****추적이다**: 물기가 축축하게 젖어 들다.
*****아람(이) 불다**: 아람이 나무에서 떨어지거나 떨어질 상태에 있다.

매실나무 사계(四季)

윙윙대는 벌 떼 소리로
봄이 만개하고

밤톨만 한 푸르름으로
여름이 차오른다

침샘을 건드리는 매실지로
가을이 풍요롭고

가지를 더듬는 전정가위로
겨울이 성화(聖化)된다

삼색(三色)의 소망

고속도로 좌우로
초록(草綠)이 달리니

눈도 마음도
온통 성령 충만인 걸

지천(至賤)이라
깨닫지 못하는가

잠시 후면
노랑, 빨강에 넘겨질 터

인생도 섭리 따라
삼색의 소망으로 물들었으면

섭리의 수레바퀴

"어허, 섭리(攝理)의 수레바퀴를
두 발 들고 막는 자가 다 있네!"

"버마재비란 친군데
전진만 알지 후퇴는 모르는 놈이죠"

"저놈이 만일 사람이라면
분명 무서운 용사일 게다
용기 한번 가상하니 비켜 가도록 하라!"

진리의 테두리 안
중심축은 주님
성령은 사랑의 바퀴살로 퍼지는데

내 주먹을 믿겠노라 광란하던 버마재비
하늘 장공(莊公)께선 되레 경의를 표하시곤
불 수레에 태워 천궁(天宮)으로 인도하시네!

아, 그 바퀴 지금도 굴리고 계시네
'사람, 사자, 소, 독수리'의 네 얼굴로
버마재비 같은 영혼들 불러 태워 가시려고!

*제(齊)나라 장공(莊公)의 '당랑거철(螳螂拒轍)' 고사. '사마귀가 수레바퀴를 막는다.'는 뜻으로, 자기(自己)의 힘은 헤아리지 않고 강자(强者)에게 함부로 덤빔을 비유.

사시가탕(四時佳湯)

봄을 캐어 냉잇국
여름 따다 오이냉국
가을을 캐 토란국
겨울을 따 매생잇국
두어라
이 네 가지면
내 님 입맛 도시리

감나무 앞에서

밑동 주변 풀 뽑아 주며
녀석에게 해 준 일이
뭐였던가 더듬어 본다

가지 쳐 주고 거름 주고
빙초산 사다 청태 없애 주고
해충 약 서너 번 쳐 주었던가?

잘 자라 줘서 고맙다고
잘 맺혀 줘서 고맙다고
가끔 어루만져 주었는데

다디단 극상품 대봉시
올해도 어김없이 달아 준
이 어린 친구를 바라보며

올해도 날 지켜 주시며
열매 맺길 기다리신
저 하늘을 올려다본다

신앙 사계(四季)

따사롭게 주님 만나 뜨겁게 사귀며
풍요롭게 친구 되고 냉철하게 하나 되네
사계절, 승천한 에녹처럼 주와 함께 늘 동행!

무턱대고 따랐고 멋모르고 설쳐댔네
부인(否認)하고 통곡한 후 십자가 길 좇았네
알겠네, 베드로의 신앙 사계 바로 나의 것임을!

아침마다

아담이 생령(生靈) 될 때
제일 먼저 눈 맞춘 분
하나님이셨듯이

아침마다 눈뜰 때
가장 먼저 드는 생각
하늘 것이고 싶다

성경 절, 찬미 가사
입속으로 읊조리는
참한 백성이고지고

먼저 그의 나라와
그의 의를 구하란 수훈(垂訓)
나의 삶이 되어지라

사계 연가(四季 戀歌)

春歌
"이는 한 아기가
우리에게 주어졌네"
알려고도 안했는데
살포시 잉태했네
하늘의 섭리인가요?
임마누엘 하나님!

夏歌
"한 아들을 우리에게
주신 바 되었네"
자라며 강해지고
지혜도 충만해져
칭의(稱義)로 뜨거워진 맘
하늘나라 외쳤네!

秋歌
"어깨에 정사 멘 분
기묘자요 모사라"
거룩한 분노로
몸의 성전 정결케 해
풍성한 성화(聖化)의 열매
십자가의 보혈 덕(德)!

冬歌
"전능하신 하나님
영존하시는 아버지"
당신 없이 살 수 없는
언약의 천 년 왕국(王國)
"평강의 왕이시어라"
이 몸 영화(榮化) 누리리!

(사 9:6)

해산의 기쁨

대막대기로 두들겨 맞고
열매를 털어 낸 매실나무
어떤 심정일까?

내려놓아서 흐뭇할까?
빼앗겨서 허탈할까?

해산하느라 수고했다
속삭이는 주인 음성에
어깨 으쓱대는 매실나무

수목장 유감

무소유가 무색한
사찰 뒤 수목장림(樹木葬林)
보시해야 할 불심 위에
묵직한 탐욕들이 걸려 있네

어린 소나무까지 여기저기
한껏 심어대는 저 미망(迷妄)에
죽은 법정(法頂) 스님 깨어나
산 중들을 달아나게 해야 할 판,

이젠 병들어서도 죽어서는 더 큰 일 날
굴레 쓴 귀하신 나무들 보노라니

늙어도 여전히 결실하며 진액도 풍족,
빛도 청청한 하늘 정원 속 의(義)의 나무
얼마나 자유롭고 허허로운지!

망자(亡者)들의 값비싼 명패(名牌) 부러워들 마소
그 나무의 명패(命牌)* 될 수도 있으니까

*명패(命牌): 형장으로 가는 사형수의 목에 걸던 패.

추석 소회(所懷)

사랑의 주님
오늘은 추석입니다

영혼들 생각에
늘 근심 어린 심사(心思)
저 보름달처럼
당신도 환히 펴시옵소서

죄악에 지친 인생들도
이날만큼은 시름을 놓습니다
왜 더도 말고 덜도 말고
한가위만 같아라 했겠습니까

일주일 주기(週期)로
안식일을 주시니 감사합니다
폈는가 하면 곧 시드는 인생들
한 달 기다리다간 죽을 테니까요

오늘은 마침 추석이자 예비일입니다
심령에 낀 구름 다 걷어 내고
당신과 함께 활짝 피고 싶습니다

명절 소회(所懷) (17자 시)

애물단지들
기다리는맘
다올때까지
설잠!

고요했던집
모이니북적
돌아들가니
적적!

썰물빠진듯
안팎이쓸쓸
서로아낀정
살뜰!

성경 사시가(聖經 四時歌)

序詞
그는 때와 계절을 바꾸시며
왕들을 폐하시고 왕들을 세우시며
지혜자에게 지혜를 주시고
총명한 자에게 지식을 주시는도다(단 2:10)
주께서 여름과 겨울을 만드셨나이다(시 74:17)

春詞
봄비가 올 때에(슥 10:1)
동풍이 어느 길로 땅에 흩어지느냐(욥 38:24)
겨울도 지나고 비도 그쳤고(아 2:11) 지면에는 꽃이 피고
비둘기의 소리가 우리 땅에 들리는구나(아 2:12)
나의 사랑, 나의 어여쁜 자야
일어나서 함께 가자(아 2:13)

夏詞
비에게 아비가 있느냐 이슬방울은 누가 낳았느냐
(욥 38:28)
무화과나무의 비유를 배우라
그 가지가 연하여지고 잎사귀를 내면
여름이 가까운 줄을 아나니(마 24:32)

누가 홍수를 위하여 물길을 터 주었으며
우레와 번개 길을 내어 주었느냐(욥 38:25)
추수할 때가 지나고 여름이 다하였으나(렘 8:20)
여름 과일과 포도 수확을 탈취하는 자가 나타났으니
(렘 48:32)
내 진액이 빠져서 여름 가뭄에 마름같이 되었고
(시 32:4)
여름 타작마당의 겨와 같이 되어(단 2:35)
우리는 구원을 얻지 못한다 하는도다(렘 8:20)

秋詞
공중의 서리는 누가 낳았느냐(욥 38:29)
주의 감찰함이 가을 더위에 운무 같도다(사 18:4)
미련한 자에게 영예가 적당하지 아니하니
마치 여름에 눈 오는 것과 추수 때에 비 오는 것
같으니라(잠 26:1)
게으른 자는 가을에 밭 갈지 아니하나니(잠 20:4)
죽고 또 죽어 뿌리까지 뽑힌 열매 없는 가을 나무요
(유 12)
슬기로운 자는 먹을 것을 여름 동안에 예비하며 추수
때에 양식을 모으느니라(잠 6:8)

冬詞

네가 눈 곳간에 들어갔었느냐 우박 창고를 보았느냐
(욥 38:22)

얼음은 누구의 태에서 났느냐(욥 38:29)

예루살렘에 수전절(修殿節)이 이르니 때는 겨울이라
(요 10:22)

왕이 겨울 궁전에 앉았고 그 앞에는 불 피운 화로가 있더라(렘 36:22)

북풍아 일어나라 남풍아 오라(아 4:16)

너희가 도망하는 일이 겨울에나 안식일이 되지 않도록 기도하라(마 24:20)

너는 겨울 전에 어서 오라(딤후 4:21)

結詞

그날에 생수가 예루살렘에서 솟아나서 절반은 동해로, 절반은 서해로 흐를 것이라 여름에도 겨울에도 그러하리라(슥 14:8)

제3부
물아일체(物我一體)

물아일체(物我一體)

비가 오시네
메마른 밭에
비가 달게 오시네

방울진 생명 흠뻑 맛보려
겨우내 내팽개쳐 둔 비닐 피복 벗겨 내고

옥수숫대, 지푸라기 갈퀴로 모아
마음속 검불들과 함께 사르네

가랑비 기름 붓듯
타오르네 잘도 타오르네
봄의 정령이여, 시혼(詩魂)의 불꽃이여

식물의 세계

평온하고 정밀(靜謐)한 정원

오이 더듬이
대추나무 가지 휘어 감고
토마토 줄기를 올라타도

대추나무 가지
석류나무에 얹혀도

성가시다고 힘들다고
밀쳐 내거나 짜증 내지 않는다

씀바귀, 민들레, 꽈리, 박하
맘껏 뿌리 벋어도
군말 없이 포용하는 저 잔디밭

'보기에 심히 좋구나'
소리 없는 크신 해타(咳唾)
들려오는, 비 온 뒤 아침이다

석류꽃

오물거리는 논개(論介)의 입술인가
눈 시린 붉은 종(鐘)들의 합창인 듯

영원을 다짐하는 내밀한 울림에
밤꽃[栗花] 향기마저 함께 술렁이는

누가 뭐래도
단심(丹心) 다잡는 유월은 충정(忠貞)의 계절

그냥 꽃만으로도 애절한데
제 몸을 쪼개 홍보석 흉금까지 털겠다니

저런 신부들을 둔 신랑은
참 좋겠다, 정말 흐뭇하시겠다

꽈리

다섯 폭 다홍색 등롱(燈籠) 속
말갛게 치장한 홍안 낭자여

들춰 보기도 아까워
소복이 소반에 담아
황홀히 바라만 본다네

천성이 겸비한가
담장 옆 기어 퍼지더니
어느새 영글어 홍시보다 더 붉고

아낙들, 네 농포(籠布) 걷어쥐고는
경직된 알몸을 조몰락대며
씨를 파내느라 여념이 없다네

아하, 속이 비어야
바람이 들고 소릴 내는구나!
꼬드득, 꽈드득, 꼬드득, 꽈드득

오물거려 꽈리 부는 모습들을 보노라니
나도 시절(時節)을 울리고 싶어진다네

백일홍

화무십일홍(花無十日紅)이요
달도 차면 기우는데

훤칠하게 소박한 너희들
백일(百日)을 가는구나

팔등신(八等身) 몸매에
다채롭되 요란치 않은 분칠

조석으로
다정하게 방실방실 웃어대니

작심삼일(作心三日) 찡그린 인생
부끄러워지는구나

박하(薄荷)

누가 날 좀 봐 줘요
겉만 말고 속까지
그럼 당신에게 의미가 돼 드릴게요

걸리적거린다고 발로 걷어차고
시들도록 눈길 한번 주지 않는 내게
넌 수도 없이 외쳐 왔구나

안쓰러운 맘에
이파리 한 잎 따 씹어 보니
진한 향(香)에 그만 정신마저 화해지고

자그마한 연보라 꽃, 자세히 보니 예뻐
회한의 정 더욱 새록새록

너를 심은 뜻,
병치레 없고 벌레 끼지 않는
장한 삶에 있었던 모양이구나

할미꽃

꽃 중의 꽃
노고초(老姑草)

자식 낳고 허리 휜
골다공증 환자

족두리 쓰고 바장이는
꼬부라진 약재(藥材)여!

꽃 중의 꽃
백두옹(白頭翁)

자식 위해 머리 흰
하릴없는 백수(白手)

벙거지 쓰고 버정이는
구부정한 건재(乾材)여!

벚꽃 구경 (集句詩)

송알송알 햇살 품은 꽃송이　　　　　　　(허준임)
아기 주먹만 한 떨기들　　　　　　　　　(전세일)
하늘 택배로 부쳐 온 어느 봄날　　　　　(이서은)

아스라이 멀어진 젊은 날의 추억　　　　(신영화)
벚꽃 터널 길, 그 솜사탕 막대 길을　　　(진기영)
우린 눈으로 밟으며 지나간다　　　　　　(진영현)

누가 발틀을 돌려 연분홍 사탕 솜을
검은 젓가락에 감아 놓았는가　　　　　　(이규호)

수줍은 꽃송이 우리 마음 같아
혼자서는 쑥스러워 다닥다닥 붙어 피고　(박윤성)
떨기마다 벌집 이뤄 옹기종기 모여 사네　(노유미)

꽃구름 내려앉아 눈꽃 흩날리고　　　　　(송예지)
아낙네들 맘도 봄바람에 스산한데　　　　(공미아)
하늘 덮은 꽃송이들 속 이불 되어 감싸 주니 (박윤하)

머릿속은 벚꽃 따라 순백으로 물들고　　　(공미아)
마음도 꽃바다 닮아 넓어만 간다　　　　　(이서영)

아, 앙상하던 등걸도 화사한 옷 입거늘　　(이봉기)
우리도 영혼의 꽃망울 마냥 터뜨려　　　　(박현자)
세상 앞에 볼거리로 한번 서 보자꾸나　　(이규호)

*경주 보문단지에서

까마중 연가(戀歌)

뽑아내고 걷어내도 어느 틈에
동편 울 밑에 가만 자리 잡고 있네

가라 해도 내 집이 좋다는
네 충심(衷心) 읽으니
하늘을 우러러 내가 되레 부끄럽구나

이참에 나도 호사 한번 떨어 볼까
이웃 포도 농사, 오디 농사 못잖게

떨어질세라 가지들 헤쳐 가면서
바가지 바쳐 조심조심 훑어 낸다네

아무도 거들떠보지 않는 까까머리
이슬에 함초롬히 젖은
그래서 더욱 애처로운 흑진주라

동심(童心)에 목걸이 해 걸고
내 너를 잠잠히 사랑하리라
즐거이 노래 부르며 기뻐하리라

* '까마중'의 이칭으로는, '강태, 까마종이, 깜두라지,
용규(龍葵)' 등이 있다. 꽃말은 '동심(童心)'이라고 한다.

대추

주인 기쁘게 해 주려
무겁게도 달렸네

좁쌀만 하더니
어느새 붉게 익어
옹골짐을 자랑하네

쭈그러져야
쓰임 받는 약재(藥材)

차돌 같은 씨만 남아
굽었어도 올곧은 성품을
웅변으로 말해 주네

무화과

웃음꽃 안으로 머금고
묵묵히 푸르뎅뎅한 날탱이들
익어 갈 때면

영락없이 얼굴에 홍조를 띠며
몸집도 갑자기 부풀어 오른다

영맥(靈脈)에 닿은
무화과는 필시 붉은 주물(呪物)일 터

굳은 맘 부드러워지고
입술 열려 기도하며
눈은 하늘까지 닿은 사다리를 본다

이렇게 커진 열매라면
반죽으로 죽을 상처도 낫게 하고
주인의 시장기도 족히 채우리라

교감

호두나무 우듬지부터
아래로 갉아 내리니

이파리 잔해들
거미줄인 듯, 매미 날개인 듯

너풀대는 잎들을 물감 삼아
묵직한 알들만 그려 놓은 송충이 화백

주인은 쓸 낙엽 없어 좋고
열매 쉬이 걷어 덩달아 좋네

밑에 흘린 그의 까만 똥들이
더럽지 않은 이 충만한 교감(交感)이여!

색(色) 교향곡

우리 집 정원은
한 폭의 대형 캔버스

사계(四季)를 두루 돌며
위대한 화백, 물감을 풀면

상록(常綠) 위로 흐르는
하양 노랑 빨강의 찬연한 변주(變奏)들

저마다 봐 달라 아양 부리는
색들의 소리 없는 교향곡!

복달임

금사(金蛇)가 하늘을 긋고
우렛소리 뒤따라 구르네

따다다닥 찌지지직
어두운 하늘이 찢어지네

가을이 우뚝 서니
염제(炎帝) 물러가고

말복 복달임
세찬 빗줄기로 대신하며

때와 계절의 주관자 앞에
사뭇 옷깃을 여밀 뿐이네

바람의 언덕

그 이름 무색하게
바람 한 점 없는 날
그래도 우리에겐
나름의 바람[望]이 있어 좋다

풍차가 바람으로 돌 듯
우리 삶도 '주 바라기'로 돌기에
하늘에 닿으려
땅을 박차 뛰어올라도 보고
절벽 밑, 격정(激情)을 켜켜로 삭인
판상절리(板狀節理)를 응시도 해 본다

바람[風]은 바람[望],
그 속성이 어지간히 같기에
바람을 다잡으라고
바람 없는 언덕을
오늘 오르게 하셨나 보다

*바람의 언덕: 경남 거제시 남부면 갈곶리 산14-47에 있는 언덕.

반딧불
- 비형랑(鼻荊郎)을 생각하며
윤동주의 「반딧불」 시에 次韻하여 -

1.
가자 가자 애들아
잠자리채 들고서
숲으로 가자
도깨비를 잡으러
숲으로 가자

그믐밤 반딧불은
춤추는 도깨비불

가자 가자 애들아
잠자리채 들고서
숲으로 가자
도깨비를 잡으러
숲으로 가자

2.
가자 가자 애들아
두 손 모아 가지고
숲으로 가자
성령님을 만나러

숲으로 가자

그믐밤 반딧불은
춤추는 성령의 불

가자 가자 애들아
두 손 모아 가지고
숲으로 가자
성령님을 만나러
숲으로 가자

*비형랑은 신라 25대 진지왕(眞智王, 재위 576~579)이 사량부(沙梁部)에 살던 도화랑(桃花娘)과의 사이에서 낳은 아들로, 성은 김(金)이다. ≪삼국유사(三國遺事)≫ 기이편(奇異編)의 '도화녀 비형랑(桃花女 鼻荊郎)' 조(條)에 관련된 이야기가 전해진다.
비형은 밤마다 월성(月城)을 날아 넘어서 서쪽의 황천(荒川) 기슭으로 가서 귀신의 무리들을 이끌고 놀았으며 귀신들을 다스렸다고 한다.

**반딧불

윤동주

가자 가자 가자 / 숲으로 가자
달 조각을 주으러 / 숲으로 가자

그믐밤 반딧불은 / 부서진 달 조각,

가자 가자 가자 / 숲으로 가자
달 조각 주으러 / 숲으로 가자

야베스의 후손

뽕나무에 올라
멀리 높이 바라보리라
위의 것을 생각하며
새사람을 입어 보리라

땅의 것만 찾다
세리장(稅吏長) 되고 부자 되어
그만 몸도 맘도 자라지 못했어라

"주여 내게 복을 주시려거든
지경(地境)을 넓혀 주시고
환난을 벗어나 근심을 없게 하소서!"

옛 선조의 기도 읊조리며 서원했네,
"소유의 절반을 빈자(貧者)들에게 주고
토색(討索)한 것에 네 배를 갚겠나이다."

불현듯 심령에 울리는 주님의 음성,
"오늘 구원이 이 집에 이르렀으니
삭개오야말로 야베스의 후손이로고!"

제4부
나그네 삶

그릇

제아무리 잘난 사람도
제 옷을 걸쳐야 멋이 나고

제아무리 별난 음식도
제 그릇을 만나야 맛이 난다

17자시, 층시(層詩), 시조, 자유시,
가사, 수필, 소설, 희곡 양식(樣式)

그릇마다 생각이 담기고
걸맞은 요령(要領)이 얹히면

죽은 듯 고요했던 글자들
살아 꿈틀대며 생명을 뿜어낸다
하늘 양식이 담길 때 더욱 빛이 난다

회귀(回歸)

비늘로 덮어 주셔서 감사합니다
물속 오물 같은 세상 풍조에
오염되지 말라는 애틋한 뜻 새겨봅니다

지느러미마저 붙여 주셔서 감사합니다
말씀에 의지해 오류의 풍파 속
헤쳐 나가라는 심오한 뜻 새겨봅니다

부정한 것 먹지 말고 거룩하게
저 본향 생명 강까지
유영(游泳)해 나아가란 뜻 받들겠습니다

세마포(細麻布)

꺼끌하다 질색하던
성근 삼베 홑이불이
땀 많은 이 계절에
감촉이 무척이나 살가워

포근한 흰 요 위에
덧깔기도 하고
웃통 벗은 몸에
덮어쓰기도 하다가

칭칭 세마포에 감기는 염습(殮襲)
좋이 받을 수 있길 기도하네
뒤따를 부활의 영광도 맛보기를 바라면서

씨앗을 심으며

"너는 흙이니
흙으로 돌아갈 것이니라"

순히 묻히는 씨앗들
묻힘은 믿음,
갈 바를 알지 못하고 나아감이다

믿음과 묻힘은
생명 있는 자의 권능,
영광과 존귀와
면류관의 보증이다

그러니 까탈 부림 없이
흙 속에 묻힐 일이다

"살리는 것은 영(靈)이요
육(肉)은 무익하니까"

누에의 노래

뽕 따러 가세
뽕잎 따러 가세

오디는 아직 붉고
이파리는 연초록빛

뽕 내 맡은 누에
넉 잠에 탈바꿈인데

일흔 번도 더 잔 잠보
언제나 우화(羽化)할까

뽕잎 실컷 달여 먹곤
허물 벗고 날고 지고

나그네 삶 (層詩)

내
잠시
사는곳
'신월숲길'
큰못이있고
뚝방길이있어
산보하기에좋고
기도하기안성맞춤
소나무숲심호흡하며
코로나폐렴막으니
영육간축복크나
너무좋은환경
안주할까봐
제몸을쳐
복종케
하는
맘

빈
몸에
어느새
많은속진
달라붙었네
식솔챙겨야지
이런저런생업에
번잡한것투성이네
무거운신선구름탈까
감투보직명예칭찬
껍데기는가라지
하나님의형상
예수의품성
나그네의
소유는
이것
뿐

반공포로

친공(親共)? 아님 반공(反共)?
내 맘속 포로들의
피 튀기는 이념(理念) 투쟁!

갈 길을 택하고
서명(署名)을 하라,
오, 하늘이 내려 주신
'자유송환(自由送還)' 원칙이여!

뺏기느니 죽이라고
사탄은 발악하고,
어떡하든 살리려고
주님 애태우시는데

절박한 생사의 갈림길,
죄의 종살이 끝고
의(義)의 품에 안기게 하신
아, 하늘의 도우심이여!

*거제 포로수용소에서

투명물고기

안식일만 되면
늘 아쉬움투성이입니다
지난 엿새의 흔적을
동영상으로 보일
자신이 없으니까요
하늘하늘 유영(游泳)하는
저 투명물고기처럼
정말이지 당당하고 싶습니다

네가 어디 있느냐 하실 때
아담처럼 숨지도
엘리야처럼 쭈뼛대지도 않고
제가 여기 있나이다
스스럼없이 나서는
사무엘, 다니엘이 되고 싶습니다

죄 많은 곳에
은혜가 많다 하셨으니
이제로부터 영원토록
속내까지 훤히 비치는
투명(透明)한 삶을 살게 하옵소서

꽃과 벌 (層詩)

담밖
연분홍
매실꽃에
잉잉거리는
군봉의날갯짓

텃밭
하늘색
봄까치꽃
바지런하게
들고나는꿀벌

큰꿀
작은꿀
다내주는
꽃들의무심
나닿고싶어라

큰꿀
작은꿀
다모으는
벌들의근면
나닮고싶어라

*군봉(群蜂): 벌 무리
**무심(無心): 물욕(物慾)에 팔리는 마음이 없고, 또 옳고 그른 것이나, 좋고 나쁜 것에 간섭(干涉)이 떨어진 경계(境界).

청둥오리

바람에 낯이 씻겨
봄물은 그리 맑은가

오리 한 쌍 명경(明鏡)을 쪼며
자맥질하고 있다

입을 것 살 곳 타고났겠다
먹는 일은 제 할 분복(分福)

암수가
다정히 해로(偕老)하고 있다

게으름뱅이 아빠

백미러 안쪽에 거미가 사나 봐요
아침이면 거미줄이 처져 있어요

아빠는 거미 잡기 안쓰러워서
손으로 쓰으윽 걷어 버려요

오늘도 거미줄이 처져 있어요
엄마가 깜짝 놀라 아빠에게 말해요

"빨리 모기약 쳐서 잡아 버려요
남들이 게으르다 안하겠어요?"

복 있는 사람

악인의 꾀 안 따르며
죄인의 길 서지 않고
오만한 자 자리에도
앉지 않는 의인이여
오로지
여호와의 율법
즐겨 묵상한다네

시냇가 심은 나무
철 따라 열매 맺고
그 잎사귀 마르지
아니함 같으리니
복덩이
하는 일마다
형통하기 짝 없네

악인들은 겨와 같아
심판을 못 견디며
죄인들은 의인들 속
참여치 못하리니
여호와
인정하심은
의인의 길뿐일세

       (시 1:1~6)

버릴 것이 하나 없네

모를 땐 몰랐거니와
알게 되니 버릴 게 하나 없네

고구마는 열매도 순도
심지어 이파리도 영양(營養) 덩어리

벼는 쌀도 겨도 짚도 재도
심지어 뜨물까지도 효용(效用) 덩어리

소는 살도 뼈도 털도 가죽도
내장과 피, 똥까지도 희생(犧牲) 덩어리

하늘이 내신 모든 것이 선하매
감사함으로 받으면 버릴 것이 없나니

우리도 서로에게
버릴 것 하나 없는 인생들이면 좋겠네

주인의 마음

십 년 살다 나간 원룸
어찌나 더러운지,

아무도
청소하려 들질 않아!

어쩌겠어, 그것도 사흘간
주인인 내가 쓸고 닦았지

그러다 깨달았어,
그 방이 내 꼴인 것을!

믿음이 작은 자들아

무엇을 먹을까
무엇을 마실까
무엇을 입을까
아무 염려하지 말라
이는 다 이방인들이
구하려는 것이라

너희 하늘 아버지
너희 형편 아시나니
먼저 그의 나라와
그의 의를 구하라
그러면 이 모든 것을
너희에게 더하시리

내일 일을 위하여
염려하지 말아라
내일 일은 내일이
염려할 것이요
한 날의 괴로운 일은
족하니라 그날로

(마 6:30~34)

참 의식주

집도 절도 없이 옷 한 벌에
빵 한 조각, 물 한 모금이면 족했네
그 선생에 그 제자들의 세상 의식주
참으로 우리를 부끄럽게 하네

하나님의 품 안, 성령의 도움 속에
의의 옷 입고 하늘 양식을 먹었네
그 선생에 그 제자들의 하늘 의식주
참으로 우리로 부럽게 하네

나뭇잎 대신 가죽옷 입고
애굽 음식 대신 만나를 먹으며
하늘 분위기 속에서 살기를 원하네
영원히 다함없는 참 의식주가 그립네

자랑 경계령 (17자시)

자랑하는맘
왜생기는지
뭔가부족한
소치!

자랑하는자
속다보이네
투명물고기
신세!

교만의산물
자랑은금물
못된사탄의
그물!

살리는것은
오직영일세
무익한것은
육체!

자랑하려면
주안에서해
하나님영광
위해!

땅콩

누가 작다고 업수이보는가?
손바닥 활짝 펴서
흙덩이 들어 올리는 저 힘을!

집채만 한 골리앗을
땅콩만 한 다윗이
저 혼자 들어 던졌겠는가?

작은 씨앗들을
어둠에서 빛으로
밀어내시는 분이시여!

우리와 함께하소서 이 봄에
기드온처럼, 바울처럼
'작은 자'라 모두 고백하오니

제5부
홀로서기

해운대 불꽃놀이

동백섬 위로
불꽃이 피어오르네
수(繡)놓으며
허공을 단청으로 물들이네

뿌연 연기 속
초승달도 빛을 잃고
환호성 속
군중들도 넋을 잃네

엘리야의 제단에
불로 임하시고
소돔과 고모라에
불비[火雨]를 쏟으신 이여

심판의 날 우리 모두
불붙어도 소멸되지 않는
떨기나무들 되게 하소서

마중봉직(麻中蓬直)

쑥대같이 땅만 기며
위로 향치 못하던 삶

저 다니엘, 모르드개,
느헤미야, 요셉 같은

올곧은
삼[麻]들 가운데 함께 살게 되었네!

*마중봉직(麻中蓬直): 삼 가운데서 자라는 쑥은 곧아진다.

몽돌

동글동글 매끈매끈
윤이 나는 성화(聖化)의 자취여

날 세우며 몽니 부리던
옛 모습들 다 어데 갔나

갈려도 부스러짐 없는
참 돌만의 경질(硬質)이여

서로 깎이는 아픔
부둥켜 참아 낸 그 듬직함에

밀어붙이던 파도도
바다를 휘젓는 분도 흐뭇해함이여

　*몽니: 받고자 하는 대우를 받지 못할 때 내는 심술.
**경질(硬質): 물건(物件)의 단단한 바탕.

가지치기

멋대로 자라게 둔
집 뜰 안팎 과실나무
수형(樹形)도 잡아줄 겸
가지치기하였더니
보기엔 심히 좋은데
주인 마음 알싸해

옆으로 퍼지도록
내향지며* 도장지며**
곁가지 중 축 처진 놈
위로만 뻗대는 놈
열매가 풍성하게끔
아낌없이 끊어 내

벗님네야 우리도
가지치기 받아 보세
성령의 전정(剪定)가위
이리저리 끊어 낼 제
아파도 주 영광 위해
군말 없이 맡기세

*내향지(內向枝): 안쪽으로 향하여 뻗는 나뭇가지.
**도장지(徒長枝): 자라는 가지 가운데 특히 세력이 왕성하여 지나치게 자란 가지. 웃자람가지, 헛가지라고도 함.

무화과나무처럼

열매 한껏 잘 따 먹은 나무를
눈 두 개씩만 남기고
밑동을 사정없이 잘라 내라니

삼월 시샘 추위에
언 친구들이 더러 보여
있는 대로 가슴을 졸였다가

백로(白露)의 절후에
키도 열매도 배(倍) 반(半)은 넘어
가슴을 마냥 쓸어내린다

유레카!
나도 저 무화과나무처럼
전정(剪定)을 받는 거다 두렴 없이

*유레카(eureka): '알겠어!', '바로 이거야!'(무언가를, 특히
 질문에 대한 답을 알아냈을 때 기쁨을 나타내는 그리스어.)

홀로서기

어깨동무하던 무순들
잘려 나간 빈자리 흙이 덮이면

꿍 홀로 버틴 땅에 퇴비 한술 받고
한두 번 머리엔 약(藥)비를 맞지

뽑힐 듯 부러질 듯 가녀린 맘과 몸
선 줄로 생각하면 넘어질까 조심하며

구름기둥 불기둥 손길 아래서
우로(雨露) 받고 홀로서기 연습을 하지

주위엔 해충들 득시글대고
늦태풍도 간간 지나곤 하니

이웃한 배추 형님 바라보면서
김장독에 들기까지 우뚝 자라나야지

페이스메이커(Pacemaker)

어린 무순들
솎아지며 안타까워한다
똑같이 심겼건만
누군 살고 누군 뽑혀야 하는가

똑똑한 놈 하나 잘 키우는 게
무 심는 법칙임에랴
슬퍼하지 말자 정신을 가다듬자

한 영혼 잘되기를 빌며
나물로 무쳐져 스러지면
주인의 입맛 미리 돋우는
영광의 주역이 될 수도 있으니까

택함 받은 그 친구 잘되도록
끝 날까지 빌어 주는 거다, 파이팅!

*페이스메이커: 중, 장거리 경주에 있어 자기 능력보다도 빠른 페이스로, 또한 다른 선수의 목표가 될 만한 스피드로 다른 선수를 유도하거나 앞질러 가는 러너.

오미자

숙성된 열매는 하나님 말씀
붉은 액즙은 주님의 보혈

단맛만 좇지 않고
쓰고 맵고 시고 짠 맛도 즐길 일

심장 강해지고 혈압 내리고
면역력 높아지고 폐 기능 강화되고
기침, 갈증에 큰 도움 된다니

오미(五味)로 빚은 말씀
곧이곧대로 저작(咀嚼)하면
복 있는 사람이 따로 없지

얼씨구 좋네, 하나님 말씀
지화자 좋을시고, 주님의 보혈

충전지를 교체하며

맥없어하는
딱한 무선 청소기

모터도 전선도
멀쩡한데

전기를 못 채우는 건
사랑의 큰 낭비지

받은 천기(天機) 방전하는
내 모습이라

지금 난 새 맘으로
교체 중에 있지

심령 구석구석
잘 집진(集塵)되도록

신생(神生)살이

담장 넘어오는
이웃집 고기 굽는 냄새
술 걸친 노래자락 왁자한 인생살이다

그럴 때 떠오르는
레갑(Rechab)의 자손들
못 먹는 게 아니라
안 먹는 그 결기, 신생살이다

부러워하신 하나님 섭섭지 않으시게
나 신선처럼 살리라
'대은(大隱)'을 읊조리며

*레갑: 겐 족(Kenites)의 한 조상(역대상 2:55). 요나답의 아버지
(왕하 10:15). 금주(禁酒) 부족을 창시하고, 항상 천막에 사는 습관
을 지켰다. 바알 숭배의 열렬한 반대자였다. 예레미야를 통해 하나
님이 포도주를 내렸으나, 레갑의 아들 요나답의 자손은 그 선조의
금주령을 지킨다며 한사코 거절했다(렘 35:16).
**대은(大隱): 옛날 은거(隱居) 방식의 하나로, 숲이나 호숫가에 은
거하는 소은(小隱)과는 달리, 번잡한 도회지나 저잣거리에서도 신선
처럼 사는 방식을 말한다. '대은재(大隱齋)'는 필자의 또 다른 자호
(自號)이다.

신앙 임계점

100도가 되니까
물이 끓기 시작하고
350킬로로 달리니
비행기가 뜨게 되고
강철도 1,535도
이르니까 녹는구나

유레카! 온도, 속도
뭐 한 가지 부족할 땐
끓고 뜨고 녹는 변화
온전할 수 없음을!
신앙도 임계점이 있어
그 승부가 갈림을!

그 소유는 절반을,
토색한 건 네 배를
나눠 주고 갚겠다 해
구원받은 저 삭개오
그날로 '아브라함의 자손'
일컬음을 받았고
    (눅 19:8, 9)

계명은 다 지켰다고
호언하던 부자 청년
'네 가진 것 다 팔아
가난한 자 나눠 주라'
주님의 이 말씀 듣고
근심하며 갔구나
    (막 10:21~22)

*임계점(臨界點): 물질의 구조와 성질이 다른 상태로 바뀔 때의 온도와 압력.

살길

재 속에 불씨가 살아 있네
다 사그라진 줄 알았는데

솔가지 깔고 삭정이 얹으니
아주 쉬이 불이 붙네

통나무가 그 뒤를 이으면
종일 집안이 훈훈하지

기도의 불씨 살리고
말씀의 땔감 더하면

몸과 맘 종일 활기차지
너나없이 누구든지

크게 외치라 (層詩)

한
맹인
여리고
길에앉아
구걸하다가
나사렛예수님
지나가신다하니
그맹인외쳐이르되
다윗의자손예수시여
나를불쌍히여기옵소서
제자들이잠잠하라꾸짖자
더욱크게소리지르기를
나를불쌍히여기소서
예수께서이르시되
네게뭣을해주랴
보기원합니다
네믿음이널
구원했다
맹인눈
떴네
곧
(눅 18:35~43)

영천강 변 SOS여! (集句詩)

창밖으로 눈을 들면 (이승민)
은빛으로 반짝이는 저 맑은 강물
우리 SOS도 그렇게 흘러라 (태하림)

주기 위해 받아 흐르는 품이
"구원(Salvation)하러 오신
오직 주님(Only Jesus)의
봉사(Service) 같아라" (박수연)

주변을 돕느라 쉴 새도 없고 (이연주)
방해꾼 바위 녀석도 씻어 주며 (최혜원)
스스로는 더욱 정결해지누나 (이효민)

자유롭고, 평화롭게 (이승익 / 최지민)
온갖 물을 가림 없이 끌어안으며 (김다은)
도란도란 동무하며 흐르는구나 (이하영)

하늘은
올라가는 게 아니라 내려가는 것　　　　　　(이규호)

낮고 낮은 곳을 향해
그 발걸음 멈추지 않으면　　　　　　　　　(김종민)
가벼운 몸으로 탈바꿈되어
승천의 희열을 맛보리라　　　　　　　　　(홍수한)

영천강 변 SOS여!
주님과 함께 흘러라　　　　　　　　　　　(장소희)
사랑의 물결로 흘러라　　　　　　　　　　(노건이)
생명의 젖줄로 흐르려무나　　　　　　　　(김성자)

부디,
이기는 자에게 약속하신
선물들을 모두 거머쥘지어다　　　　　　　(정욱재)

2023' 신공위성 송년회

이곳은 영천강 변 우주센터!
오리온 좌 주위를 궤도 따라 돌던
신공(神工)위성들이 모두 모였습니다

진리의 기둥에 매인 비행그네 타고
빙글빙글 하늘 꼭대기까지 돌다 내리니
어느새 한 해가 지나갔습니다

순전하고 신령한 젖을 사모하는(벧전 2:2)
아기 옹알이의 말씀, 기도, 찬양으로
믿음의 터전을 다채로이 수(繡)놓았습니다

오늘, 성탄 안식일을 맞이해
'좋은 꼴', '맑은 물'(겔 34:18)로
〈말씀퀴즈대회〉도 열고

어눌한 목청과 무딘 연주로
우릴 지으신 하늘의 뜻(시 150:6)을
재롱 피우며 펼치려 합니다

모쪼록 오늘의 모임이
위성 발사대의 영적 연료가 되어,
새해엔 주님께 더욱 가까이 날고 싶습니다

지혜자 (層詩)

나, 너
우리, 함께
손잡고, 걸으리
주오시는, 그날까지
지진이나고, 쓰나미일고
산불이연하고, 염병이퍼지고
이런일이있거든, 위를보라하시네
속량의때가왔음을, 아는것이하늘지혜

제자리

척추디스크가 탈출하여 주위 신경을 누르면 방사통으로 이어지는 법. 걷기는커녕 엎드리기도 바로 눕기도 돌아눕기도 허용이 안 되지

오존가스주사로, 신경주사로 탈출된 디스크만 제자리에 밀어 넣으면 어렵쇼, 통증도 저림도 안개처럼 스러지데. 그래, 사물은 제 자리에 있을 때 안온하고 안전하여 무탈한 법이지

사람은 안 그런가? 하나님이 있으라 한 곳에 있을 때 가장 행복하다고 아브라함 형님도 고백했거든 하물며 우리일까?

오늘 새벽 반듯한 자세로 무릎 꿇고 기도할 수 있게 되니 그동안 게을렀던 죄책감이 마구 밀려와 하늘을 올려보기가 무척 민망하구먼

이규호 제3시집
민낯 뷰티

제1판 1쇄 인쇄 · 2023년 12월 05일
제1판 1쇄 발행 · 2023년 12월 10일

지은이 · 이규호
펴낸이 · 이종기
펴낸 곳 · 세종문화사
편집 주간 · 김영희

주소 · (03740)
　　　　서울 서대문구 통일로 107-39, 223호
　　　　E-mail: eds@kbnewsnet
전화 · (02)363-3345, 365-0743~5
팩스 · (02)363-9990

등록번호 · 제25100-1974-000001호
등록일 · 1974년 2월 1일

ISBN 978-89-7424-194-0 03810

값 12,000원